금속성 이빨

김남미 시조집

금속성 이빨

Sijo Poems by Kim Nam Mi

■ 시인의 말

겨울이
익숙한 내게
봄 건듯 다녀갔네
운명처럼 다가오는
달콤한 햇살 쥐고
과분한 계절이었네, 눈부시게 찬란한

2025년 11월
김남미

금속성 이빨   김남미 시조집

■ 시인의 말 5
■ 작품 해설 101

1

동상이몽 • 11
여의도 벚꽃 내력 • 12
목화밭 데칼코마니 • 13
똥손 • 14
호객전呼客戰 • 15
스팸 카톡 • 16
밍크의 독백 • 17
고구마 • 18
양치기 소년 • 19
하쿠나 마타타 • 20
두루마리 화장지의 밀서 • 22
골목식당 에피그램 • 23
용설란 • 24
비단섬 가는 길 • 25
황혼의 저녁 • 26

2

암탉이 울 때 • 29
삼식이 아내 • 30
로맨스, 로맨스 • 31
돈키호테의 밤 • 32
빈 둥지 • 33
시체농장 • 34
아침, 하이킹 • 35
화룡 점·점·점 • 36
난생卵生, 혹은 난생難生 • 37
머피의 법칙 • 38
바람의 성 • 39
어둠의 퇴로 • 40
감자를 캤을 뿐 • 41
쓰나미 • 42
그날 그 도봇길 • 43

3

흰발농게 프러포즈•47
리콜, 리콜•48
떨이•49
여수에서•50
외로운 동거•51
완두콩 서사敍事•52
이별•53
화산華山 짐꾼•54
워킹맘•55
후디아Hoodia 팝니다•56
그날 그 칸타빌레•57
어머니의 의자•58
뒤꿈치 사라진 아이들•59
봄, 신부 화장•60
유보 & 로봇•61

4

용궁 신도시•65
금속성 이빨•66
호모 사피엔스•67
통점•68
할랄 푸드•69
광화문 레퀴엠•70
청평•71
텀블링플랜트•72
권태의 노래•73
거북바위 눈뜨다•74
낯선 외도•75
땀의 미로•76
폭풍 그 후•77
아버지의 삽•78
개똥참외•79

5

도깨비바늘 • 83
인공 수정 • 84
그린 부츠 • 86
궤도 이탈 • 87
공생 & 기생 • 88
은둔, 이상한 • 89
계란찜이 끓는 시간 • 90
블랙스완 • 91
낙조 • 92
아르볼 께 까미나 • 93
냉장고 플러그를 뽑다 • 94
히포크라테스의 방 • 95
두릅, 꺾은 자리 • 96
고흐의 낮잠 • 97
좌판 위의 시인 • 98

1

동상이몽

두엄 냄새 구수하다는
당신은 콩을 심겠죠

온종일 카페에서
시를 쓰는 나와 달리

그래도 저녁노을은
늘 함께 보겠지요

여의도 벚꽃 내력

늘어난 코의 길이 가늠조차 할 수 없네
뒤엉킨 아수라장 출처 불명 소문들만
요란히 떠도는 그곳
피노키오 천국이네

쓴소리로 울어대던 풀벌레는 간데없고
윤중로 뒷골목엔 여우와 길고양이뿐
SOS 파란 머리 요정
봄은 언제 올까요?

목화밭 데칼코마니

칼끝 서슬 날을 세운 목화 껍질 꼬투리가
혈서라도 쓰는 걸까, 무명천이 비릿하다
뙤약볕 머리에 이고
목화 따는 저 소녀

긴긴 한숨 되삼키는 불법 감금 강제 노역
새하얀 솜뭉치의 보드랍던 여린 두 손이
메질에, 붉은 담금질에,
으름처럼 벌어진다

청바지 입는 날 허벅지가 쓰라릴 때
눈여겨 살펴본다, 잃어버린 자유의 불씨
오십만 위구르인의
핏방울 묻어 있는지

똥손

#1

어찌해 내 사랑은 시들기만 하는 걸까
수액을 빨아먹는 흡혈귀가 된 것처럼
지금껏 내게 온 화분들
누렇게 스러졌다

#2

꽃 한번 피우지 못한 똥손이란 꼬리표
이제 그만 놓으라고 생존을 기도할 때
호접란 개화가 반갑다
늘그막 애인처럼

호객전 呼客戰

솔깃한 극본 들고 구체적 배경 깔면
구독의 아이콘이 손목을 잡아당기고
엿보기 호기심 천국 곳간이 채워지나

날이 선 대립각이 참과 거짓 각축장에
엉덩이 꼬리털에 꽃을 피운 유명 배우
밤마다 간질간질한 비밀을 만든다고

피노키오 콧잔등만 길어진 소문 난장
메아리도 길을 잃는 의사당 앞마당에
초복날 닭발은 없고 오리발만 수북하다

스팸 카톡

소개팅 하듯 궁금했죠 낯선 이 마주 앉아
외모는 브래드 피트 취미는 무엇인지
링크를 걸어놓고서 일수 찍듯 오시네요

달콤한 한마디 말 하루 이틀 그뿐이지
밤마다 단잠 깨우는 초대장 스팸 카톡
로딩 끝 유튜브 동영상 취향이 다르군요

찌그러진 깡통처럼 우글쭈글 망설이다
그대와 이어지던 소실점 느루 찍고
좋아요, 클릭 또 클릭 구독이 쓰디씁니다

밍크의 독백

반쯤 접힌 몸뚱이가 뜬장에 갇혀 있다
눈뜬 채 벗겨진 가죽, 친구는 별이 되고

피 묻은 저들의 두 손
나를 또 가리킨다

촘촘한 철창 안은 죽음만이 구원인 듯
매일같이 나뒹구는 응혈진 비명소리

좀처럼 오지 않는 봄,
긴 겨울이 비릿하다

고구마

#1

하늘을 붙잡아 봤니
바윗돌 떠밀어 봤니
실금 살짝 갈라지는 그 틈새를 노려야 해
고통 뒤 꽃을 피우는 홍역 발진 그것처럼

#2

입부리 헐고 헌 날
매운 김치 씹어 먹듯
긴 침묵 적막을 견딘 어둔 밤 뿌리를 박고
지친 몸 흐너지도록 바닥 짚고 일어서 봐

#3

황토에 묻힌 촉이
보라 눈빛 되찾을 때
장마 땡볕 서릿발에 천길 절벽 막아서도
산울림 목 붉은 소리 환한 가을 꿈꾸는 거야

양치기 소년

반지라운 말의 축제 펼쳐지는 새해 난장
너나없이 큰소리로 온갖 꿈을 부풀린다
성장은 콩나물처럼,
콩나물은 반값으로

아파트 높아질수록 왜소증을 앓는 내 키
까치발 동동거리다 주저앉은 뒷골목에
늑대들 떼로 나타나
양의 목을 물고 있다

하쿠나 마타타

활짝 열어야 해요. 꽉 잠긴 저 큰문을
해독의 163:1* 열릴까 말까 초조해요
미로 속 비밀번호에
밑줄 좍좍 그었어요

답안지 둥실 떠 있는 노량진 학원가엔
C 초승달 D 하현달 팽팽히 경쟁해요
신새벽 환경미화원,
오답 몽땅 쓸어가요

공시족 머리 안에 나뒹구는 종잇조각
다 닳은 몽당연필 도돌이표 그리고요
늙으신 어머님 허리
구부정히 휘었어요

---

* 2012년 경찰공무원시험 경쟁률

책갈피에 접힌 꽃들 부스스 일어서고
바람의 뺨을 맞은 열매가 붉어졌어요
내일은 출근을 해요,
저 높은 빌딩으로

두루마리 화장지의 밀서

제 살 다 풀어주고 뼈만 남은 홀어머니
화장실 타일 벽에 동그랗게 걸려있다
마지막 가쁜 숨 쉬며 하늘길 더듬는다

여린 혀 여물기 전 메조 밥 먹이던 손
술지게미 비틀비틀 노란 하늘 넘어질 때
마른 몸 일으키느라 들꽃마저 되지 못한,

얼마나 시렸을까, 가슴속 박힌 얼음
층층이 구멍 난 밤 애간장 숯이 된 채
그 홀로 어둠을 파고 도로 묻는 눈물의 밀서

골목식당 에피그램

한 켜 한 켜 씻고 닦은 지난날 먼지 자국
사발 접시 쌓아가며 불 환히 밝혔을 때
세상은 마스크 쓴 채
긴 칩거에 들어간다

암막 커튼 드리워져 빗장 건 창문 너머
묶음의 비린 절규 몸부림은 끝이 없고
겨울이 다시 오는가,
무채색 도시의 하루

열릴 듯 열리지 않는 문을 자꾸 흔드는 바람
까맣게 탄 석쇠 위로 벌레처럼 꼬물거리는
성탄의 햇살 한 점이
봄의 봉인 뜯고 있다

용설란

한 번도 핀 적 없는 내게도 꽃이 오네

발기된 몽우리가 툭 툭 터지는 오르가슴

황홀의 극치를 달리는 그 어느 해 봄날에

망망대해 촛불처럼 아슬아슬 버틴 날들

강산 몇 번 변했을까, 예까지 오신 발걸음

낙화로 밟힌다 한들 기쁘지 않겠는가

비단섬 가는 길

팽팽한 줄다리기
미닥질은 끝이 없다
긴 세월 흘린 피에 비린내도 못 감추고
어느 봄 화밀에 빠져 궤도를 이탈했다

비단 자락 하나 없는
비단섬 비단섬이라니
꺾이고 목 부러진 갈대들만 가득한 섬
그래도 뿌리를 깨울 명주바람 서걱인다

트면 다 감싸줄 말
어깨 겯고 손잡을 때
살얼음 가만히 풀고 하나 되는 두물머리
봄볕에 가슴을 여는 화해의 강 꿈틀댄다

황혼의 저녁

폐가의 저녁나절 마른 꽃대 흔들린다
다시 또 피고 싶은 절절한 오체투지
오십 줄 파란 봄날이
푸드덕 날아간다

2

암탉이 울 때

큰소리칠 만하지, 암

하루에 금란(金卵) 하나

아이 한 명 낳으면 일 억 원이나 준다는데

온 세상 단잠 깨운들 누가 뭐라 하겠냐고

삼식이 아내

#1

이빨 빠진 호랑이는 눈치 또한 빨라야 돼
반찬투정 옛말이지 인생 4막 을이 되어
밥술이 목숨 줄이야, 무엇이든 감지덕지

숨통을 틔워주는 외출은 예의라 하네
어설픈 설거지에 쨍그랑 터지는 심장
아내의 매몰찬 눈빛, 슬그머니 기는 거야

#2

한때는 목을 세워 유세깨나 부렸다지
그 타박 다 받아내며 해장국 끓여주던
목소리 참 곰살가운
예쁜 아내 있었지

로맨스, 로맨스

밤새워 주고받는 밀어가 익어간다
토론토 종합병원 그이의 환한 얼굴
불현듯 입원 소식도
걸림돌 될 수 없다

반복된 수술비에 대출이자 공갈빵에
함께할 꿈을 꾸며 배고픔 견디는 동안
먼 사내 속주머니는
풍선처럼 채워진다

속살대며 웃어주던 신기루 간데없고
SNS 닫고 보니 남은 건 빚잔치뿐
아
차
차!
로맨스 스캠
불면의 밤은 춥다

돈키호테의 밤

베개에 얼굴 묻으면 별들은 더 빛나고
먼동이 터올 때까지 기다림은 참혹해요
당신이 없는 밤이면
죽음이 손짓해요

초침 소리 커질수록 괴물들도 살아나요
그럴 때면 돈키호테 창 들고 나타나서
애마를 채찍질하며
허공을 내달려요

비틀린 어둠 너머 내일은 저만치 오고
사는 거나 자는 거나 고비는 지나가죠
눈꺼풀 무거워져요,
졸피뎀이 녹나 봐요

빈 둥지

시골집 빈 창고에
세를 든 딱새 부부
마른 풀잎 물어 날라 부지런히 꾸린 신방
다둥이 울음소리가 잠든 마을 깨운다

장마철 물외 크듯 쑥쑥 자란 새끼들
호박꽃 닮은 부리 노랗게 피었다 질 때
솜털 다 털어버리고 도시로 날아간다

한 집 건너 빈집들이 추억하는 푸른 계절
꽃이었던 한 여자의 뿌리를 더듬어보면
빈 들녘 홀로 지키는 허수아비 어머니

시체농장*

두 손 꼭 움켜쥐고 무슨 말 하려는가?
인형처럼 하늘 바라 누워 있는 한 사내
꾹 다문 입술 사이로
비밀들이 넘쳐난다

시반屍斑이 가시기 전 찾아야 할 기억의 잔해
추깃물 길어 올려 현미경에 길을 묻고
단단한 침묵의 껍질
염殮하듯 깨뜨린다

엉겨 붙은 핏방울도 다독이면 별이 된다
고풀이 씻김 하듯 원怨도 한恨도 모두 풀면
가볍게 안식에 든다
레퀴엠이 흐른다

---

* body farm : 사람이 죽은 뒤 부패하는 과정을 연구하는 미국의 법의학 연구소.

아침, 하이킹

끊임없이 돌아간다,
길섶의 스크린이
자전거와 바닥 사이 대립각 구멍이 날 때
돌 대신 던지는 시선 소실점 흐릿하다

중년의 바퀴살엔
생채기 투성이다
무심코 달려가다 꽃잎 몇 장 멍이 들고
찢기고 살 허무는 일 이 땅 어디 나뿐이랴

버지니아 울프처럼
너른 강가 기웃대던
숨결이 멎을 듯한 허기를 등 뒤로 밀고
힘차게 페달 밟는다, 환한 아침 가른다

화룡 점·점·점

#1

다빈치가 그리다 만 눈썹을 스케치한다
또랑또랑 예지의 눈, 살포시 미소 띤 입술
민무늬 얼부푼 살갗 패널화로 옮겨온다

#2

마르셀 뒤샹이 그린 수염 난 모나리자
타고 난 성(性)을 바꾼 트랜스젠더 그림처럼
못난이 얼굴 거죽도 덧칠할 수 있을까

#3

한때의 소문 뒤로 원작은 다 지워지고
눈썹과 수염을 단 모나리자 후예들이
화려한 외출 꿈꾼다, 구둣발 소리 또각이며

난생卵生, 혹은 난생難生

#1

부리 죄 깨지도록
쪼고 또 쪼아댔지요
하늘마저 가린 벽은 두껍고도 높았어요
한 목숨 휩쓸어 가는 격랑 같은 밤이었죠

#2

눈 부라린 매의 곡예
화살처럼 내리꽂히고
대거리할 틈도 없이 난생설화 뭉개버렸죠
홀로 된 그날 이후로 바람이 더 차가워요

#3

돌이끼도 꿈이 있겠죠,
어미가 되고 싶은
발 동동 줄탁동시啐啄同時 그날은 언제일까요?
구름 낀 알자리 그늘, 이슬만 흥건합니다

머피의 법칙

동태의 쓸개처럼 쓰디쓴 날이었어
수치는 따가웠고 공허한 길 들어섰네
웅크린 불길한 예감 틀린 적이 없었어

내 삶은 바람과 촛불 흔들다 사라지는
물의 혀 같다가도 전쟁터 지뢰밭이고
서러운 도돌이표는 왜 나를 따라다닐까

조금 전 먹구름이 내 앞을 스쳐 가고
새벽안개 심장 찢고 찬란하게 솟는 해
오늘은 샐리의 법칙 세상에 주어는 나야

바람의 성

말이란 말은 모두 얼어붙은 선자령에
사나운 칼바람이 머리끝을 잡아챈다
생과 사 넘실거리는
본능만이 눈을 뜨고

헐벗은 나목 가지 분지르는 저 눈보라
앞서간 발자국도 수평으로 날아가고
너 홀로 길 밝히라는
메시지만 가득하다

표지도 입석도 없는 백두대간 바람의 성
무시로 등이 휘는 다 늙은 소나무가
흰 눈을 짊어진 채로
예수처럼 누워있다

어둠의 퇴로

저 하늘 시리우스 그 누가 털었을까
아파트 빌라촌까지 별 총총 박혀있는

이슥한 도시를 본다,
목멱산에 홀로 서서

전월세 상한제도 막지 못한 담쟁이가
벽을 타고 지붕 위로 기 쓰고 올라갈 때

불 꺼진 지하 쪽방에
똬리 트는 저 먼지

연기 없이 타는 속 불 물길 불러 잠재우고
살과 살 포개도 좋을 한줄기 빛을 찾아

밀입국 이방인처럼
골목길을 기웃댄다

감자를 캤을 뿐

내 너를 미물이라 그랬던 건 아니었다
호미를 깊이 찔러 감자를 캐려 했을 뿐
몰랐어, 의도치 않게 상해를 입힐 줄은

삶이란 이런 것인가, 나도 몰래 짓는 죄업
새살 다시 돋우려고 몸부림치는 지렁이처럼
남모를 속죄의 시간, 노을빛이 뜨겁다

쓰나미

세상에 가장 무서운
호칭이 뭔지 알아?

그 여자 내 남자를 오빠라고 부를 때

파도는 아무 말 없이
내 성城 몽땅 쓸어가더라

그날 그 도붓길

다 저녁 굴뚝 연기 모락모락 피어난다
앞동산 올라서서 발돋움 목을 빼고
도붓길 다녀오시는 어머니 기다린다

등에 진 짐바리는 덜어 줄 사람 없고
한겨울 칼바람을 애면글면 이겨내며
팔 남매 머리에 이고 버겁게 서 계신다

천만 근 무거운 짐 풀어 헤쳐 말리는 날
광주리에 팔다 남은 쭈그렁이 사과 몇 개
돈 대신 받은 곡식은 메좁쌀이 전부였다

3

흰발농게* 프러포즈

그대 나 좋아하니?
큰 집게발 흔들어봐
스피드와 세미돔은 결혼 조건 일순위지
구애의 춤을 추어봐, 매의 눈으로 봐줄게

자유의 영혼들은
짝짓기를 안 한다지
DNA 변형시대 이기적인 종족번식
결혼은 선택이라지, 필수는 아니라고

한 집 건너 한 집은
핵가족 인구쇼크
개발과 보존 사이 갈등 또한 충돌하고
비상등 멸종 위기에 깜박깜박 숨 가쁘다

---

* 서식지의 파괴로 개체수가 줄어들어 2012년 멸종 위기 종으로 지정되었다.

리콜, 리콜

적군과 아군으로 서로에게 포로가 된
가까이 다가설수록 친구는 더욱 아닌
쇼윈도 마네킹 같은 온기 없는 당신과 나

갈증이 차오르면 가슴은 더 젖어든다
허기에 숨이 차도 고개를 외로 뺄 뿐
여름과 겨울의 경계 쉬이 넘지 못한다

먼지만 풀썩이다 기척마저 잠이든 날
충동적 인터넷쇼핑 반품 교환 무료라고
그대를 포장해 놓고 회수를 기다린다

떨이

새벽 난전 펼쳐진다
가리봉 인력시장
구릿빛 근육남들 보는 족족 뽑혀가고
어눌한 필리핀 사내 목소리가 다급하다

일 잘해!
일당도 싸!
불빛마저 분주해지고
승합차 한구석에 마른 몸 구겨 넣을 때
에누리, 에누리 없는 아침이 밝아온다

여수에서

꿈인 듯 하였어라 물빛 고운 오동도에
뜨거운 불씨주머니 핏빛의 저 동백꽃
가슴에 부는 바람을 잠재우지 못한다

항구의 통통 배는 포로처럼 묶여 있다
섬들은 저마다의 물색 다른 눈빛인데
내 어찌 매정하게도 돌아설 수 있을까

저만치 달려오는 파도를 그러안고
너와 나 목 마르는 갈증을 풀어놓은
비릿한 쪽빛 바다를 통째로 삼키고 있다

외로운 동거

사람들 수군댄다, 흘금흘금 뒷걸음치며
저 집 남편 몸속에는 시한폭탄 장착됐다고
거리를 두지 않으면 파편이 날아온다고

한 집에 두 집 살림 재택 치료 38선을
한 발작 넘는다면 폭발할 것만 같아
교도소 식판을 닮은 쟁반에 밥을 차린다

방문을 조금 열고 식사를 밀어 넣으면
잠시 후 빈 그릇이 문 앞에 밀려 나오고
죽어도 함께 하자던 그 약속 민망한 시간

죽자사자 사투하는 열이 펄펄 끓는 그를
홀로이 독방에 두고 안녕을 기원하지만
두 손은 잡지 않는다, 음성과 양성 사이

완두콩 서사敍事

연해주 하늘 가녘 물도 설고 바람도 설다
변방만 헤매 다닌 저 맨발의 카레이스키
너덜겅 울타리 밑에 웅크린 몸을 뉜다

뼛속까지 허기질 땐 이슬로 목 축이고
돌투성이 묵밭일망정 뿌리를 내뻗는다
덩굴손 가냘픈 촉수 허공을 움켜쥐며

옹이박이 푸른 힘줄 우두둑 허리를 편다
시난고난 발자국들 떡잎으로 피어날 때
완두콩 백 년의 서사, 나비 떼 하얗게 난다

이별

당신을 보내려니 가슴 둑이 무너진다
태생이 이기적이고 독한 것이 사람이라
오래된 애마를 버린다 핸섬한 딜러에게

아주 먼 낯선 곳에 눈시울 뜨거워져도
버린 자식 기다리는 양로원의 눈길처럼
자꾸만 눈에 밟혀서
죄인 같은
어느 봄날

화산華山 짐꾼

날 벼린 작두 타듯
외줄 타기 곡예 하듯
온 가족 등에 지고 앙버티는 맨몸뚱이
끝없이 오르는 계단 그 한뉘가 가파르다

목에 두른 수건에도 땀방울이 맺혀 있다
누구도 대신 못할 등짐 바투 고쳐 매고
지상과 천상의 거리 어느 결에 좁혀질까

굳은살 박인 어깨 발걸음은 휘청거려도
가쁜 숨 가만 뱉으며 한 발 한 발 내딛는
아버지, 하늘길 열며 자식 꿈을 나른다

워킹팜

숨소리 거칠어진다
광합성도 굼뜬 하루
갈래갈래 찢겨진 발 진구렁 내디디며
긴 세월 기워낸 목숨 물관을 부풀린다

시나브로 파고드는
정글 속 난개발에
바람도 없는 숲이 파르르 몸을 떨 때
밀림을 떠나려 한다, 손사래 손사래 치며

옹이 박인 등뼈 마디
굳은살 잘라내며
열대우림 수풀 속에 뿌리 깊게 내릴까
선잠 깬 원숭이 떼가 푸른 새벽 열고 있다

후디아Hoodia 팝니다

척박해야 꽃이 되는 칼라하리 사막에는
식욕을 쫓는다는 선인장이 살고 있대
유목민 사냥꾼들의 허기까지 막아주는

넘치는 인스턴트 거부할 수 없는 시대
사이버 공간마다 군침이 흥건해지면
살 빼는 다이어트 식품 부리나케 팔리겠지

눈이 달린 발바닥을 드높이 치켜세워
먹이를 찾는다는 식인괴물 에이가무차
저들을 만났더라면 오도독 먹혔을 거야

반세기 전 보릿고개 어떻게 넘었을까
헛배 부른 포만감에 허리가 잘록해지고
빈 창자 쿨렁거리게 할 마법의 약 팝니다

그날 그 칸타빌레

손깍지 마디마디

위안이던 사람 하나

먼동 트면 사라지는

하룻밤 꿈이었나

사는 건 눈 한 번 감고 뜬

곤한 날 술래잡기

어머니의 의자

암 투병 아버지가 먼바다로 떠나신 뒤
어머니는 우산도 없이 빈 의자에 앉으셨다
비구름 머금은 하늘
얼떨결에 떠안은 채

바람은 눈치 없이 천방지축 뛰고 솟고
치맛자락 부여잡는 올망졸망 고사리손
쓴 눈물 꿀꺽 삼키고
허리끈 고쳐 맸다

허기가 밤낮으로 가슴팍을 찔러대도
피인들 아까울까, 꽃자리 다 내주신
당신의 속살로 자란
가지들이 파랗다

뒤꿈치 사라진 아이들

강시처럼 뛰지 말고 뒤꿈치 살짝 들어
바닥은 지뢰밭이야, 폭발하기 일 초 전이지
소리를 꽁꽁 묶을 때 마주치는 슬픈 눈

곤두선 아랫집 귀 안테나가 세워지고
박쥐처럼 매달려서 초음파를 내지를 쯤
은밀한 눈짓마저도 꼬집힐지 모르잖아

층층마다 늘어가는 주름살 같은 실금들
인터폰 딩동 소리 아이는 정물이 되고
얇아진 마룻바닥에 소름이 돋고 있다

봄, 신부 화장

얼부푼 두부처럼 푸석한 살갗의 땅
호수는 충혈 되고 부르튼 말 주머니
눈썹을 갈아 엎는다
뒤엉킨 잡초같은

내게 남은 하나의 붓 최승희 학춤으로
운필運筆은 손끝에서 필압筆壓은 뒤꿈치로
명자꽃 꽃물을 찍어
입술연지 바른다

까미에 채색하여 백옥이 된 저 피부
빛으로 샤워한 듯 반짝이는 사월의 신부
생리 빛 낙관을 한다,
추사 김정희 필법으로

유보* & 로봇

#1

'삐삐'하고 응답한다, 주차장 어디쯤에
손가락 살짝 들어 지령을 내리는 순간
점멸등 번쩍거린다 체온을 기억한다

#2

안방까지 잠식하는 원격 도시 언저리에
백 년 후 로봇군단 인간을 지배한다면
사람들 고개 숙이고 무릎까지 꿇을 텐가

아이보* 또 다른 나, 에너지 충전하고
꼬리 마구 흔들어대며 널 위해 춤추겠지
금속성 불로초 한 포기 연구소에 피고있다

---

* 감성 지능형 로봇 애완견.

4

용궁 신도시

빙하가 녹아버린 길 잃은 해수면에
지붕 끝 피뢰침이 날카롭게 떠있는 궁전
예견된 일이었다지 지키지 못할 약속처럼

바닷속 귀퉁이에 신도시가 들어설 때
쓰레기에 밀려오는 물과 뭍의 사람들
용왕의 손사래 아래 머리 연신 조아린다

아찔한 낮잠 깬다, 지구는 비상이라고
북극마저 끓고 있는 온난화 뉴스 앞에
시선을 어디에 둘까 등이 흠뻑 젖는다

금속성 이빨

허기 들린 포클레인 산동네를 잠식한다
비탈에 선 집과 가게 밥 푸듯 푹 퍼 올려

뼈마디 오도독 씹는
공룡 같은 몸짓으로

찢겨져 너덜대는 현수막 속 해진 말들
무너진 담벼락은 철근마저 무디게 휘어

날이 선 금속성 이빨
하릴없이 보고 있다

이주민 행렬 따라 먼지구름 피는 도시
아파트 뼈대들이 죽순처럼 솟아오를 때

만삭의 레미콘트럭
양수 왈칵 쏟아낸다

호모 사피엔스

쩍 하고 금이 갔다
백자 같이 지켜온 날
절벽에서 날개를 접고 새처럼 날아갈까
구멍 난 쪽배를 타고 먼바다로 떠나볼까

논현동 뒷골목에
아는 이만 찾는 점집
촛불이 흔들리고 향내 훅! 뺨을 친다
"점괘에 공주가 있네, 8월의 연꽃이야"

헛일이라 하면서도
주춤주춤 찾아간 곳
두통이 가벼워졌다, 생각하기 나름이라지
별들이 총총 돋는 밤 내가 나를 비춘다

통점

벼락도 태풍도 잠든 적막한 그런 날에
큰 산의 지주였던 나무가 쿵! 쓰러진다
분분한 잎새 마을은 바람 따라 쑥덕거린다

옆집의 칡넝쿨이 목을 칭칭 감았다고,
사약을 내렸는지 천남성이 사라졌다고,
가족들 핏빛 눈물은 짝퉁 가방 같은 거라고

오해와 진실 사이 부검이 남긴 그 말
돌연사, 먼 길 홀로 그대를 보내 놓고
더운밥 꾹꾹 삼킬 때 그예 통점 욱신댄다

할랄 푸드

누구의 살과 피로 식탁을 장식할까?
한 끼의 정찬 위해 스러진 저 목숨들
비릿한 노을 자락이
쇳물처럼 출렁인다

울음을 다 뱉어낸 전생의 나를 본다
도마 위 칼을 들고 내력을 더듬으면
멀고 먼 길을 돌아서
별이 되는 음식들

스테이크 진한 육즙 찬양처럼 흘러넘칠 때
메카에서 들려오는 아잔 소리 기도 소리
신들은 우리의 땅을
아직 지배 중이다

광화문 레퀴엠

왼발도 오른발도 방향 또한 서로 다른
두 개의 얼개들이 평행선을 긋고 있고
첨예한 대립각 세워 불면증에 날 밤 샌다

길거리 밝힌 불꽃, 촛농으로 녹아내리고
딜레마에 빠져버린 신발들 포개진 밤
썰물이 밀려간 자리 깃발들이 나뒹군다

하나 둘 골바람 타고 철새는 날아가고
닫힌 귀 활짝 열리는 환호성 들려온다
움튼다, 대지를 지킬 새싹 저리 파릇하다

청평

길고 긴 줄다리기 마침표를 찍은 그곳

서울과 춘천 사이 달도 별도 쉬어가는

청평호 둘레를 따라

황혼의 꽃이 핀다

텀블링플랜트*

별을 따라 유랑하던 집시족의 후예일까
뛰듯 날 듯 굴러가는 사막의 떠돌이 풀
등 기댈 언덕은 있나,
오늘밤도 날이 차다

천리만리 헤매 돌다 땡볕 아래 잠시 서면
물집 잡힌 등마루에 굳은살로 돋는 가시
경건한 삶의 몸부림,
가늘수록 숨이 차다

모래바람 잠재울 비 한 방울 없는 날들
별똥별이 떨구고 간 외계인 족문인 양
윤회의 푸른 그림자,
자서自敍 한 장 쓰고 있다

---
* 사막을 텀블링하듯 굴러다니는 식물.

권태의 노래

는실난실 너울대던
사랑도 빈집 같고
앙가슴 파고드는 시퍼런 칼날 조각
살얼음 맨발로 걷다 붉은 꽃물 토한다

우리 한때 벼랑에서
머뭇거린 바람인가
더러는 헐떡이며 산마루를 넘는 동안
비비고 또 부딪치며 둥글어진 해를 본다

어두운 터널 지나
마주하는 환한 길섶
돌서덜도 꽃길처럼 물들이는 동살 아래
무수히 밤을 건너는 아침놀에 젖는다

거북바위 눈뜨다
- 향일암 동백숲

일곱 개 산도産道 닮은 소원의 석문 지나
단애 끝에 올라서야 만나는 바다의 심장
해의 품 안긴 향일암, 만년 풍파 견뎌낸다

깊숙이 뿌리박힌 욕망들이 꿈틀거린다
검은 연기 밀어내며 솟아오른 저 불덩이
피 끓듯 이글거리다 동양화를 내다건다

광풍 맞은 거북바위 엎드려 올린 기도
풀벌레 울음바다 맵게 밴 돌산 갓김치
칼바람 아랑곳없이 동백숲을 응시한다

낯선 외도

정체 모를 송곳 하나 가슴뼈 찔러온다
흠집 난 과일처럼 떨어져 내릴것 같아
브라의 와이어 철심 조이는 날 많아졌다

민망한 일이었다, 외간 남자 그 앞에서
아이들 밥줄이자 남편의 보물섬을
남몰래 거래를 하듯 내보여야 한다는 게

눈 질끈 감고 누운 커튼 친 간이침대
풀어헤친 앞섶으로 들어오는 차가운 손
초음파 굴곡진 영상이 소름을 스캔한다

십 분이 일 년 같은 허무한 정사 뒤에
다정한 그이의 말 속죄하듯 털어놓는다

"결과는 정상입니다"
눈물 왈칵 쏟아진다

땀의 미로

후줄근히 젖어있는 당신을 집어든다
고농축 버블 세제도 씻어내지 못하는
등줄기 싯누런 길은 뜨거운 땀의 미로

홀로 선 외줄 위에 숨이 차 에구붓한
그대의 야윈 어깨 세워주고 싶은 날
어제를 탈색하려는 몸짓들이 눈부시다

폭풍 그 후

칼을 빼 매듭 끊고 물 베고 또 베었다
허공을 찢고 나온 파랗게 잘린 파도
도려낸 심장을 안고 못 다스린 적막 있다

우리 오늘 꽃과 뿌리 너에게 닿으려면
긴 목이 꺾이도록 구부려야 하는 거고
금간 뼈 통증이어야 만질 수 있는 거다

뻥 뚫린 도넛처럼 허해진 몸뚱이가
추워서 웅크린 저녁 둥지로 돌아간다
잘라도 또 잘라내도 하나 되는 물음표

서로가 익숙했던 숨소리 끌려간다
습관처럼 손을 잡고 혁명의 긴 다리를
고삐로 척 걸쳐놓고 오래도록 껴안는 밤

아버지의 살

고장 난 시계인 양 사지가 풀려 있다
참나무 껍질처럼 갈라진 골진 살결
지나온 당신의 삶이 이렇듯 험난했나

만지면 녹아질 듯 다 헐은 살을 밀 때
이탈리아 타월 끝에 후드득 떨어지는
세월의 각질에 싸여 뭉텅 빠진 좌표들

거품 속 딱딱한 암초, 베일 듯 날카롭다
새 뼈 같이 가벼워진 윗몸을 움츠리고
티 없이 웃는 아버지 저문 역사 천사 같다

개똥참외

#1

짙푸르던 때기밭이 노랗게 익어간다
그때가 제격이라지, 잎새가 삭아 들면
시간을 켜켜이 절여 장아찌나 담아야지

가슴까지 자란 깨밭 무심코 들어선다
발목을 슬쩍 거는 무단 점유한 덩굴들
이따금 외진 밭에는 비밀이 피어난다

#2

누구인가 은밀하게 씨앗 한 톨 점지한 이
숨겨진 자식처럼 음지에서 살았어도
보란 듯 대가족 이룬 누런 꿈이 다디달다

5

도깨비바늘

너에게 다가선 게

죄가 될 줄 어찌 알았으랴

무심코 발을 딛다

깨닫게 된 미필적 고의

사는 건

도깨비놀음

허벅지가 따끔하다

인공 수정

굴참나무 자궁벽을 젊은 의사 뚫고 있다
조붓한 구멍 속에 씨톨 한껏 밀어 넣고
휴! 하며 땀이 밴 이마
비손하듯 닦는다

관능의 낮과 밤을 바람에게 들킬까 봐
암막 커튼 드리우고 어둠 속에 차린 신방
수시로 체위 바꾼다,
둥개둥개 얼러가며

신열에 달뜬 알집 오늘 밤 터뜨려 줄까
이두박근 망치 사내 온 힘으로 뒤집을 때
화들짝 깨어난 포자
태동을 시작한다

뱃살 튼 임산부처럼 묵은 수피 갈라져도
고난주간 이겨내고 다시 맞는 아침 햇살
삿갓들 툭! 툭! 펴진다,
표고버섯 몸을 튼다

그린 부츠

빈사의 동료 목소리 뒷덜미를 잡아당겨도
멈추면 죽음이죠. 뒤돌아볼 생각 마요
발걸음 재촉한다고
냉혈은 아니잖아요

벗지 못한 연두색 장화 이정표로 누운 나를
에베레스트 산악인들 그린부츠라 부르네요
정상 밑 북동쪽 사면,
얼어붙은 주검 하나

빙하가 녹나 봐요, 몸이 자꾸 간지러워요
어둠 같은 눈을 쓰고 기다린 하루하루
나를 좀 데려가줘요,
부츠 벗을 그곳으로

뱃살 튼 임산부처럼 묵은 수피 갈라져도
고난주간 이겨내고 다시 맞는 아침 햇살
삿갓들 툭! 툭! 펴진다,
표고버섯 몸을 튼다

그린 부츠

빈사의 동료 목소리 뒷덜미를 잡아당겨도
멈추면 죽음이죠. 뒤돌아볼 생각 마요
발걸음 재촉한다고
냉혈은 아니잖아요

벗지 못한 연두색 장화 이정표로 누운 나를
에베레스트 산악인들 그린부츠라 부르네요
정상 밑 북동쪽 사면,
얼어붙은 주검 하나

빙하가 녹나 봐요, 몸이 자꾸 간지러워요
어둠 같은 눈을 쓰고 기다린 하루하루
나를 좀 데려가줘요,
부츠 벗을 그곳으로

궤도 이탈

쌀에게만 쌀쌀맞은 오늘의 그대에게
밀키트 속 육대주를 폼나게 진상한다
혀끝이 황홀해지는 키스 같은 저 유혹

아파트 분리수거장 버려진 쌀자루 하나
허리 접힌 할머니가 유모차에 싣고 간다
퉁퉁 분 보리밥 한술, 기억에서 지워내듯

인스턴트 전성시대 비상구는 어디일까
전자렌지 조리실이 쾌속으로 돌아갈 때
아버지 얼굴에 피던 벼꽃이 지고 있다

공생 & 기생

계란찜 끓는 소리
병아리 우는 소리
양심의 계선에서 생각의 키를 잰다
암탉과 마주칠 때면 명치께가 뜨끔하다

모이통 가득 채운다 산란용 특품 사료
두 눈을 뒤집어쓰며 옥수수알 쪼는 사이
알집에 손을 넣는다, 허기가 밀려온다

목숨을 저당 잡은 공생과 기생 사이
바빠진 숟가락들 뚝배기를 긁을 때
식탁에 에그머니가 국화처럼 피고 있다

은둔, 이상한

부재중인 의욕 찾는, 쉰내만 가득한 방
초파리 떼 윙윙대며 길 잃은 날갯짓에
은둔 족 창문 내리고 눈빛 그리 맞춘다

진땀인 듯 눈물인 듯 흥건한 침대 시트
낯선 그 바이러스 몸속 깊이 파고 돌고
문 밖엔 건너지 못할 큰 강물이 흐른다

좌표가 빗나갔고, 세상 한결 따듯하다고
그대의 뜨거운 말 언 가슴 녹일 즈음
다시금 내딛는 걸음, 발끝마다 꽃이 핀다

계란찜이 끓는 시간

아무런 죄책감 없이
한 목숨 툭! 깨트린다
미명 내몬 둥근 해가 둥실 뜬 대접 안에
미동의 실핏줄 두 개, 날개일까 다리일까

어둑새벽 깨워주는 목울대 그 떨림도
꿈 많은 저 토종닭 포란의 긴 시간도
한순간 무너트리는 낯설은 내가 있다

들숨 날숨 들고나는 주방은 도깨비 같다
유령들 까만 눈이 보글보글 끓는 시간
수만 개 현미 쌀알이 한 솥에서 부활한다

냄비 속 젖은 발이 총 총 총 걸어 나와
병아리 떼 마당 가득 모이를 쪼는 순간
식탁 위 계란찜에는 부리 자국 선명하다

블랙스완

무급휴가 피난 가듯 식솔 모두 이끌고선
뒤꿈치 돌 매단 듯 천근만근 무거운 걸음
빈 몸을 반겨줄 그곳, 발이 먼저 길을 튼다

따듯한 양지같이 여린 자식 품어 주는
본가에 얹혀산 지 반년 즈음 지났을까
우연히 우편물 속에 리볼빙 카드 내역서

맘 편히 쉬었다 가라, 토닥이던 말씀 뒤에
첩첩 시름 쌓인 속내 겹주름에 재워 놓고
돌아서 단내 삼키는 엄니 눈빛 깊고 깊다

낙조

진통이 시작되나 양수가 터지고 있다
태양의 커튼 아래 몸을 풀던 한 여자가
한순간 엎질러 놓은 어둠 쓰고 침몰한다

그 누구 손자국일까 시퍼런 몽고반점
핏기 잃은 초승달이 근심스레 지켜보는
하늘도 앞섶을 풀고 젖을 다시 물린다

열 달의 숨소리를 재로 남긴 핏덩어리
하루치 생을 접듯 수평선에 묻은 뒤로
날마다 저녁노을이 허벅지에 차오른다

아르볼 께 까미나

사흘에 한 걸음씩 걷는 나무 살았다지
아마존도 눈치 못 챈 수억 년 유랑생활
숨죽여 태양을 탐한 해바라기 나무였대

누군가 지친 등을 잠시 기댄 둥치 위로
오래된 질문처럼 물음표 턱 찍다 말고
느리게, 다만 느리게 정글 속 톺아갔지

그 무슨 역마살인가, 기나긴 자드락길
부르튼 발뒤꿈치 낙엽들이 감싸줄 때
가볍게 귓전에 이는 저문 강의 숨소리

이쯤에서 지워버릴까, 잎맥에 새긴 지문
둥근 잎 붓처럼 말아 숲과 서로 필담筆談하며
성글게 웃자란 뿌리 땅을 와락 끌안는다

냉장고 플러그를 뽑다

늦은 밤 흐느낌이 꿈결 너머 들려온다
흥건히 고여 있는 눈물 자국 닦아내고
저 홀로 헛헛한 가슴, 미련을 말린다

묵묵히 지켜주던 널 보내야 하는 걸까
검버섯 피어나는 십칠 년 나이테마다
지친 몸 녹물이 가득, 코끝마저 매콤하다

뜨겁던 붉은 밤을 가슴에 묻으리라
따듯이 남은 온기 플러그 뽑아놓고
늦가을 가랑잎 하나 허기증에 흔들린다

히포크라테스의 방

침침한 밀실에서 온몸 속속 투시한다
속살 다 드러나고 뼛속까지 파고들 때
버겁게 껴안고 있는 그림자가 흔들린다

한 방울 시약처럼 폐부를 찌르는 말
예리한 저 눈초리 독심술讀心術 짚어가고
명치끝 생살을 찢는 아픔 또한 삼킨다

붉은피톨 짓누르는 돌멩이 부숴 내고
날카로운 주삿바늘 독설 다 쏟아내면
몸 안에 담긴 별빛이 폭죽처럼 터진다

두릅, 꺾은 자리

옹이로 걸어가는 벼룻길 사뭇 서러워
모가지 우악스레 꺾어서 움켜쥘 때
손안에 다소곳하게 고개 숙인 너를 본다

가시를 모로 세워 눈물마저 비릿하다
쓰러지지 않으려면 그럴 밖에 없었다고
가풀막 후미진 곳에 웅크리며 버틴 날을

주고받던 말과 말이 얼룩으로 남아있다
세월의 발자국 따라 무뎌진 통증 뒤에
널 품고 여짓거린다,
나
처
럼
아팠냐고

고흐의 낮잠

어느 길을 헤맸을까, 찢어진 신발 사이
한 생의 실루엣이 제 키를 늘이고 있다
먼 도시 바람을 따라 길 떠나는 살붙이들

오아시스 샘물처럼 다디단 빛의 시간
아침나절 따다 남은 덜 익은 풋감 하나
노을에 새붉게 익어 허공중에 등을 켠다

추수 끝난 들녘 끝에 허수아비 우리 엄마
긴 해를 끌어당겨 서산 곁에 걸어 놓고
고흐의 낮잠을 잔다, 신경통 달래가며

좌판 위의 시인

생선 멱살 움켜쥐고 허스키한 목소리로
한바탕 시장통을 둘러메치는 저 아지매
자궁문 열고나올 때도 입이 저리 걸었을까

태평양도 대서양도 좌판 위에 펼쳐놓고
도마 위 바다 향해 시퍼런 칼 내리칠 때
전대가 부푸는 얼굴, 배꽃 피듯 환하다

들꽃 앞에 무릎 꿇던 단발머리 문학소녀
삶의 궤도 이탈하여 다다른 종착역에서
허기를 추슬러 업고 구술하듯 시를 쓴다

해설

■ 작품 해설

생명 지향의 항체를 만들어가는 정형 미학
- 김남미의 시조 세계

유성호(문학평론가·한양대학교 국문과 교수)

1. 사물들에게 저마다의 시선을 부여해가는 섬세한 성정

김남미의 시조는 시인 자신이 지향하는 사유가 사물이나 내면을 통해 때로 단정하고 가지런하게 때로 날카롭고 융융하게 들어차 있는 언어적 집성集成이다. 그 안에는 지나온 날을 기억하고 재현하는 모습을 보여주는 회귀적 상상력과 그것을 담아내는 심미적 정형 미학이 가득 펼쳐져 있다. 물론 그 안에 나타나는 사물들은 제각각의 영역과 존재론적 표지標識를 가지고 있고 개성적인 자율성을 지니고 있다. 그만큼 사물들에게 저마다의 모습과 시선을 부여해가는 시인의 섬세한 성정性情이 중요한 역할을 하고 있고, 우리는 그러한 시인의 스스럼없는 활력을 빽빽한 정형성 안에서 풍요롭게 경험한다. 결국 시인은 희미하게 사라졌거나 흐릿하게 남은 시간의 잔상殘像을 통해 부재하는 것들을 안아들이는 애잔함과 그에 대한 호환할 수 없는 애착을 일관되게 보여준다.

아닌 게 아니라 김남미 시인은 끊임없는 미학적 확장과 응축의 방법론을 통해 현대시조가 안고 있는 이중의 존재 조건에 대한 섬세한 굴착의 집중력을 보여준다. 이때 이중의 존재 조건이란 고시조와 현대 자유시에 대한 각각의 차별화를 통해 현대시조가 독자적 위상을 확보해가야 하는 것과 관련된다. 이러한 과제를 해결하려는 듯이, 시인은 소재와 의식의 다양한 확산을 통해 고시조의 정신주의적 편향을 넘어서고, 최근 우리가 목도하는 자유시의 반시적反詩的 운율 붕괴 현상에 미학적으로 저항한다. 등단 후 4년여 만에 펴내는 그의 첫 시조집은 이러한 현대시조의 이중 과제를 구현하면서 자신만의 세계를 구축해간 결실이다. 그 순연한 기억과 애잔한 파동 속으로, 강렬

하고도 애틋한 사물의 구체성 속으로, 한번 들어가 보도록 하자.

2. 실재와 환영(illusion)을 겹치게 하는 균형적 힘

김남미의 시조가 우리의 눈에 들어온 것은 그가 근대의 이면을 비추어주는 역상逆像의 기능을 충실하게 수행하였기 때문이다. 물론 시조 안에 이미 반反근대의 기능과 역사가 들어 있기는 하지만, 시인은 등단작부터 구체적 시공간에서 빚어진 사람살이의 양상을 담아내면서 근대의 어둑함을 우리에게 제시한 바 있다. 이때 시조 안에 담긴 삶의 풍경은 관념으로 나아가지 않고 그 안에 사물의 구체성과 결합된 형식을 안고 있다. 그래서 우리는 현실의 흐름을 형상적으로 암시해주는 이러한 풍경이 인위적 공간이 아님을 경험하면서, 그의 시조가 실재와 환영(illusion)을 겹치게 하는 균형적 힘을 가지고 있음을 알아가게 된다. 그러한 원리를 매우 전형적으로 보여주는 다음 시편을 먼저 읽어보자.

허기 들린 포클레인 산동네를 잠식한다

비탈에 선 집과 가게 밥 푸듯 푹 퍼 올려

뼈마디 오도독 씹는

공룡 같은 몸짓으로

찢겨져 너덜대는 현수막 속 해진 말들

무너진 담벼락은 철근마저 무디게 휘어

날이 선 금속성 이빨

하릴없이 보고 있다

이주민 행렬 따라 먼지구름 피는 도시

아파트 뼈대들이 죽순처럼 솟아오를 때

만삭의 레미콘트럭

양수 왈칵 쏟아낸다

-「금속성 이빨」 전문

2021년 매일신문 등단작이기도 한 이 작품은 동시대의 현실을 직접적 제재로 삼은 경우이다. "허기 들린 포클레인"이 잠식해가는 산동네의 구체적 상황을 묘사하는 시인의 필치가 예리하다. "비탈에 선 집과 가게"도 포클레인의 "뼈마디 오도독 씹는/공룡 같은 몸짓" 앞에 속수무책이다. 이때 시인의 시선에 들어온 사물들은 한결같이 찢겨져 너덜대거나 해지거나 무너지거나 휘어져가는 것들이다. 그렇게 "날이 선 금속성 이빨"은 "이주민 행렬 따라 먼지구름 피는 도시"를 횡단해간다. 이때 죽순처럼 피어난 아파트 뼈대들 앞에서 만삭의 레미콘트럭이 쏟아내는 '양수'야말로 생명의 불모지대를 생명의 정점으로 만들어가려는 시인의 의지가 반영된 비유체이다. 신춘문예 심사평에서 민병도 시인은 "재개발로 인한 갈등 구조를 야기시켜온 상징적 도구이자 수단인 '포클레인'에 포커스를 맞추어 동영상처럼 명징하게 정황을 그려내고 있다."라고 썼는데, 그 '금속성 이빨'의 날카로운 속성과 '양수'라는 생명의 표상이 동시적 비대칭을 이루면서 나타난 작품이 아닌가 한다. 불모와 생명의 공존을 다루는 시인의 시선과 필력이 단연 균형과 깊이를 견지하고 있다. 다음은 어떠한가.

> 두엄 냄새 구수하다는
> 당신은 콩을 심겠죠
>
> 온종일 카페에서
> 시를 쓰는 나와 달리
>
> 그래도 저녁노을은
> 늘 함께 보겠지요
>
> - 「동상이몽」 전문

이 단시조 역시 김남미 특유의 균형을 엿보게 해주는 실례이다. '당신'은 두엄 냄새를 사랑하면서 콩을 심는 농경적 삶을 대변하고, '나'는 온종일 카페에서 시를 쓰는 창작의 삶을 표상한다. 그럼에도 둘은 "저녁노을은/늘 함께" 봄으로써 비록 '동상이몽'이지만 기막힌 꿈을 동시에 가진 동반자요 이형동궤異形同軌의 도반인 셈이다. 그 안에는 "한 방울 시약처럼 폐부를 찌르는 말"(히포크라테스의 방)이 함께 파동치는 순간이 깃들여 있지 않을까 한다.

　이처럼 김남미 시인은 우리의 구체적 감관感官과 객관적 실재 세계를 매개하는 작법을 통해 자신의 언어로 하여금 시간의 흐름 속에 놓인 사물의 속성을 표현하게끔 한다. 그의 시조 안에는 언어와 시간으로 규정되는 불모와 생명, 현실과 꿈의 동시적 공존이 미학적으로 펼쳐져간다. 그만큼 그의 시조는 어떤 예술보다도 시간과 친화력을 가지면서 언어를 통한 시간 경험을 우리에게 부여해준다. 이는 그의 시조가 시간이라는 물리적 실재에 대해 관심을 가진다는 것을 뜻하기도 하지만, 시간의 흐름 속에 놓인 삶과 사물에 대한 상징적 반응을 그가 균형적으로 드러내는 데 집중하고 있다는 점을 함의하기도 한다.

3. 그리움의 감각을 통해 가닿는 존재론적 기원

　다음으로 김남미 시인은 오래도록 그리워했던 존재자들을 떠올리고 있다. 물론 여기서 말하는 그리움이란 감상적 서정을 동반한 회상 심리와는 다르다. 오히려 시인이 노래하는 그리움은 존재론적 차원에 대한 추구에서 오는 근원적인 질서에 걸쳐 있다. 세상을 향한 시인의 넉넉하고도 긍정적인 전신傳信을 담고 있다는 점에서 그의 태반이요 궁극이라고 명명해도 무방하리라 생각된다. 그렇게 시인은 자신을 둘러싸고 있는 세상에 대한 커다란 긍정을 노래하면서 그 안에서 세상을 따듯하게 안아들이는 국량局量을 보여준다. 이를 통해 시인은 사물의 개체적 차원과 공동체적 차원을 함께 갈무리하려는 복합적 열망을 보여주면서 오래고도 깊은 그리움을 통해 존재론적 기원起源에 가닿고 있다. 오래 그리워했던 존재자들을 정성스럽게 찾아 나서는 시인의 각별한 품을 만나보도록 하자.

    고장 난 시계인 양 사지가 풀려 있다
    참나무 껍질처럼 갈라진 골진 살결
    지나온 당신의 삶이 이렇듯 험난했나

    만지면 녹아질 듯 다 헐은 살을 밀 때

이탈리아 타월 끝에 후드득 떨어지는

세월의 각질에 싸여 뭉텅 빠진 좌표들

거품 속 딱딱한 암초, 베일 듯 날카롭다

새 뼈 같이 가벼워진 윗몸을 움츠리고

티 없이 웃는 아버지 저문 역사 천사 같다

— 「아버지의 살」 전문

 아버지의 몸을 씻으면서 육친에 대한 사랑과 세월의 무게에서 느껴지는 슬픔을 함께 노래한 작품이다. 아버지의 낡은 육신은 "고장 난 시계"나 "참나무 껍질"로 은유된다. 갈라진 세월처럼 험난했을 아버지의 생애가 "만지면 녹아질 듯 다 헐은 살"으로 집약되었다. 이렇듯 세월의 각질에 싸여 빠져나가는 삶의 좌표들 앞에서 시인은 "새 뼈 같이 가벼워진 윗몸"과 "티 없이 웃는 아버지"를 "저문 역사 천사"로 바라보고 있다. 아버지의 '살'이라는 비밀스러운 육체를 가까이 하면서 느꼈을 자식으로서의 비애가 선하게 다가온다. "가쁜 숨 가만 뱉으며 한 발 한 발 내딛는/아버지, 하늘길 열며 자식 꿈을 나른"(화산華山 짐꾼) 생애가 그 순간 역설적으로 일어서고 있지 않은가.

    암 투병 아버지가 먼바다로 떠나신 뒤
    어머니는 우산도 없이 빈 의자에 앉으셨다
    비구름 머금은 하늘
    얼떨결에 떠안은 채

    바람은 눈치 없이 천방지축 뛰고 솟고
    치맛자락 부여잡는 올망졸망 고사리손
    쏟 눈물 꿀꺽 삼키고
    허리끈 고쳐 맸다

    허기가 밤낮으로 가슴팍을 찔러대도
    피인들 아까울까, 꽃자리 다 내주신
    당신의 속살로 자란
    가지들이 파랗다

                                                     - 「어머니의 의자」 전문

이번에는 '어머니'다. 아버지가 먼 바다로 떠나신 뒤 어머니는 비구름 머금은 하늘은 안으시고 "우산도 없이 빈 의자"에 앉으신 모습으로 묘사된다. 비록 바람은 세차게 불었지만 "치맛자락 부여잡는 올망졸망 고사리손"과 함께 어머니는 눈물을 삼키며 허리끈을 고쳐 매셨다. 그렇게 "꽃자리 다 내주신/당신의 속살"로 자라난 푸른 가지들을 거느린 채 어머니는 여전히 의자 위에 앉아 계시다. "긴 침묵 적막을 견딘 어둔 밤 뿌리를 박고"(고구마) 살아오신 어머니의 생애가 또한 눈부시게 다가오고 있다.
 이처럼 김남미 시인은 자신의 가족사와 관련한 절절한 시편들을 다수 남기고 있다. 원래 가족이란 누구에게나 가장 깊은 기억의 뿌리이자 지나온 시간을 거슬러오를 수 있는 가장 근원적인 수원水源이 아니었던가. 이때 시간을 거슬러오르는 기억의 운동은 단순하게 과거를 불러오는 데 그치지 않고 지난 시간을 원초적 경험의 형식으로 복원하는 적극적 행위로 거듭나게 된다. 시인은 그러한 기억의 운동을 통해 자신의 존재론적 기원을 애틋하고도 아름답게 고백

해간다. 그 중심을 가로지르는 에너지가 지나간 날들에 대한 회억回憶과 그것을 자신의 현재형으로 끌어올려 성찰하려는 마음에서 발원하고 있다. 그래서 시인의 애잔한 기억은 단순한 과거 재생의 과정에 머무르지 않고 그리움의 감각을 통해 존재론적 기원으로 점점이 가닿고 있다.

4. 순연한 감각의 아우라가 섬광처럼 나타나는 순간

그런가 하면 김남미 시인은 세상에 편재遍在해 있는 자연 사물의 풍경을 좇아나서는 미학적 속성을 유감없이 보여준다. 거기서 비롯하는 삶의 근원적 역리逆理를 공들여 사유하고 표현해간다. 그럼으로써 세상의 번요煩擾와 소음으로부터 순간적 탈주를 실천해간다. 이렇게 시인이 추구하는 마음의 생태학은 그야말로 역동적 고요를 자신만의 자산으로 안아들이게 되는데, 그러한 모습을 통해 우리는 그가 오랜 그리움으로 가닿는 근원적 사유와 감각을 만나게 된다. 잘 알려져 있듯이, 우리는 한 편의 시조에 담긴 상상적 질서를 따라 남루하고 진부한 일상으로부터 순간적 이격離隔을 수행하곤 한다. 하지만 그러한 수행은 일상으로부터 단순하게 격절되는 행위가 아니라 더 근원적이고 대안적(alternative)인 곳을 경험하고자 하는 열망에 바탕을 둔 행위이다. 그 점에서 일상을 훌쩍 벗어나 새로운 상상적 지경地境으로 나아가려는 시인의 열망은 더욱 깊은 존재의 차원으로 육박하기 위한 것이라고 할 수 있다. 다음 시편에는 존재의 차원에 대한 그러한 열망이 드러나 있다.

> 진통이 시작되나 양수가 터지고 있다
> 태양의 커튼 아래 몸을 풀던 한 여자가
> 한순간 엎질러 놓은 어둠 쓰고 침몰한다
>
> 그 누구 손자국일까 시퍼런 몽고반점
> 핏기 잃은 초승달이 근심스레 지켜보는
> 하늘도 앞섶을 풀고 젖을 다시 물린다
>
> 열 달의 숨소리를 재로 남긴 핏덩어리
> 하루치 생을 접듯 수평선에 묻은 뒤로

날마다 저녁노을이 허벅지에 차오른다

- 「낙조」 전문

저물어가는 낙조落照를 바라보면서 그 애틋한 풍경을 산부産婦의 모습으로 비유한 시편이다. 한 여자가 진통을 시작하고 양수가 터지자 "태양의 커튼 아래 몸을" 풀고 있다. 그렇게 "한순간 엎질러 놓은 어둠"을 쓰고 침몰해가는 하루의 시간 앞에서 시인은 "누구 손자국"을 의식하고 "시퍼런 몽고반점"과 "앞섶을 풀고 젖을 다시 물린" 모성의 이미지를 떠올린다. "열 달의 숨소리"나 "재로 남긴 핏덩어리"를 바탕으로 삼아, 하루치 생을 접는 듯이 허벅지에 차오르는 저녁노을을 바라보고 있다. 이러한 형상은 사실적 묘사로 이루어진 것이 아니라 생명의 근원이 되는 여성적 이미지를 동원하여 자연 현상이 실은 거대한 생명의 네트워크로 이루어진 실체임을 증언하고 있다. 그야말로 "단애 끝에 올라서야 만나는 바다의 심장"(거북바위 눈뜨다 -향일암 동백숲)이 온 천지에 가득하지 않은가.

말이란 말은 모두 얼어붙은 선자령에

사나운 칼바람이 머리끝을 잡아챈다

생과 사 넘실거리는

본능만이 눈을 뜨고

헐벗은 나목 가지 분지르는 저 눈보라

앞서간 발자국도 수평으로 날아가고

너 홀로 길 밝히라는

메시지만 가득하다

표지도 입석도 없는 백두대간 바람의 성

무시로 등이 휘는 다 늙은 소나무가

흰 눈을 짊어진 채로

예수처럼 누워있다

-「바람의 성」 전문

  겨울바람이 불어온다. 시인은 선자령에 서서 "말이란 말은 모두 얼어붙은" 시간을 견디고 있다. 그야말로 칼바람이 머리끝을 잡아채는 곳에서 "생과 사 넘실거리는/본능"만을 느낄 뿐이다. 눈보라가 나목 가지를 분지르고, 앞서간 발자국도 수평으로 날아간 그곳에서는 "너 홀로 길 밝히라는/메시지"만 울려온다. 시인은 마침내 "표지도 입석도 없는 백두대간 바람의 성"에서 등이 휜 노송老松이 눈을 짊어진 채 "예수처럼 누워" 있는 '바람의 성城'을 바라보고 있다. 그리고 그곳에서 생과 사를 넘나드는 이채로운 견인堅忍의 시학을 완성해간다. 가파르고 사나운 자연 사물들의 메시지에 온몸으로 귀를 기울이는 시인의 진정성이 남다르게 다가오고 있다.

이렇듯 김남미 시인은 "변방만 헤매 다닌 저 맨발의 카레이스키"(완두콩 서사敍事)같이 자연의 질서가 가르쳐주는 근원적 지혜에 눈을 떠간다. 결국 시인은 생명의 여러 양상에 대한 깊은 사유와 감각을 자연 현상에서 찾아간다. 일찍이 베냐민(W. Benjamin)은 외부 세계와 내면 의식의 순간적 통일, 가령 세계의 근원이나 자연 사물과 주체의 순간적 합일을 '아우라(Aura)의 경험'이라 부른 바 있는데, 그것은 사물의 일회적이고 고유한 속성이자 그 순수 외현外現이라 할 수 있다. 시인은 사물 속에 깃들인 '말'을 통해 순간적으로 이러한 아우라의 경험을 한껏 누리고 있다. 이러한 순연한 감각의 아우라가 섬광처럼 나타나는 순간을 '낙조'나 '겨울바람'에서 발견하면서, 그 순간성을 통해 서정시의 빛나는 암시적 속성을 돌올하게 완성하고 있는 것이다.

5. 선명한 한 시대의 보편적 축도(縮圖)

마지막으로 우리는 김남미의 첫 시조집을 통해 세상의 보편적 삶에 대한 시인의 깊은 관심을 발견한다. 이러한 면모를 채집하고 형상화하는 태도는 그야말로 김남미 시조에서 보석과도 같은 빛을 발하고 있다. 이러한 글로벌한 관심과 애착을 통해 시인은 특유의 시선으로 사물을 바라보면서 존재론적 현기眩氣를 수반하는 강렬한 미학적 전율을 보여준다. 허무의 시선으로 생을 바라보기는 하지만 그 심연에서 신비로운 생성의 과정을 발견함으로써 그의 시조 작품들은 삶을 견뎌가는 강한 내성耐性을 우리에게 건넨다. 그것은 시인이 세계 안으로 자신을 투사投射하면서 동시에 그 안에서 존재의 갱신을 꾀하고 있기 때문이다. 이렇듯 선명하고 따듯한 타자성의 사유를 담은 시편들은 존재와 언어의 확산 과정을 철저하게 거쳐내고 있다.

사흘에 한 걸음씩 걷는 나무 살았다지
아마존도 눈치 못 챈 수억 년 유랑생활
숨죽여 태양을 탐한 해바라기 나무였대

누군가 지친 등을 잠시 기댄 둥치 위로
오래된 질문처럼 물음표 턱 찍다 말고
느리게, 다만 느리게 정글 속 톺아갔지

그 무슨 역마살인가, 기나긴 자드락길
부르튼 발뒤꿈치 낙엽들이 감싸줄 때
가볍게 귓전에 이는 저문 강의 숨소리

이쯤에서 지워버릴까, 잎맥에 새긴 지문
둥근 잎 붓처럼 말아 숲과 서로 필담筆談하며
성글게 웃자란 뿌리 땅을 와락 끌안는다
— 「아르볼 께 까미나」 전문

'아르볼 께 까미나(arbol que camina)'는 아마존의 걷는 나무 이름으로서, 모든 나무가 제자리에 서 있는 것과 달리 1년에 5cm 정도를 움직인다고 한다. 그는 그렇게 "사흘에 한 걸음씩" 걸으면서 "수억 년 유랑생활"을 통해 "숨죽여 태양을 탐한 해바라기 나무"로 살아왔다. 그에게 누군가 등을 기대기도 하였고, 그는 느리게 정글 속을 톺아가기도 했다. "그 무슨 역마살"처럼 "기나긴 자드락길"을 지나 저문 강의 숨소리를 듣기도 했다. 이처럼 "잎맥에 새긴 지문"으로 둥근 잎을 붓처럼 말아서 숲과 필담을 나누는 '아르볼 께 까미나'의 형상을 통해, 김남미 시인은 어디선가 자신의 삶을 증명하는 한 존재자의 한 생애를 소환해 온다. 이 모든 과정이 "허기를 추슬러 업고/구술하듯 시를"(좌판 위의 시인) 써온 시인으로서 "그대의 야윈 어깨 세워주고 싶은"(땀의 미로) 마음과 "그대의 뜨거운 말 언 가슴 녹일"(은둔, 이상한) 의지를 동시에 새겨넣고 있는 것이다.

    칼끝 서슬 날을 세운 목화 껍질 꼬투리가
    혈서라도 쓰는 걸까, 무명천이 비릿하다

뙤약볕 머리에 이고

목화 따는 저 소녀

긴긴 한숨 되삼키는 불법 감금 강제 노역

새하얀 솜뭉치의 보드랍던 여린 두 손이

메질에, 붉은 담금질에,

으름처럼 벌어진다

청바지 입는 날마다 허벅지가 쓰라릴 때

눈여겨 살펴본다, 잃어버린 자유의 불씨

오십만 위구르인의

핏방울 묻어 있는지

-「목화밭 데칼코마니」 전문

  이 작품은 김남미 시인이 추구하는 타자성의 시학이 궁극적 지점을 향한 결실이다. 중국 신장 위구르 자치구 목화밭에서는 위구르족이 강제 노동에 동원되고 있다고 한다. 시인은 "칼끝 서슬 날을 세운" 노동을 하고 있는 "목화 따는 저 소녀"의 한숨과 "불법 감금 강제 노역"을 증언하면서 "여린 두 손이/메질에, 붉은 담금질에,/으름처럼 벌어진" 시간을 증언한다. 그렇게 "잃어버린 자유의 불씨"를 찾아 "오십만 위구르인의/핏방울"을 데칼코마니처럼 그려내고 있다. 지구 곳곳에서 아직도 벌어지고 있는 비극성의 한 단면을 들려주는 시인의 눈길과 언어가 한편 맵섭고 한편 따듯하다. 이처럼 시인은 이른바 '재현의 감옥'을 벗어나 자신만의 상상적 언어를 실천함으로써, 논리적 완결성보다는 생명의 에너지로 충만한 시학을 선보인다. 더불어 원심적 관심을 통해 인간 삶의 보편성과 특수성을 탐구해간다. 이는 폭로의 방식보다는 상징적 방식을 선택하는 과정으로 나아가는데, 이러한 작법이 세계를 묵시록적으로 바라보려는 시인의 의지를 뒷받침하고 있다. 그럼으로써 시인은 선명한 한 시대의 보편적 축도縮圖를 그려갈 수 있었을 것이다.

6. 더욱 개성적인 정형 미학의 진경을 열어가기를

대체로 서정시는 시인의 실존적 고투를 실질적 내용으로 삼는 자기 고백의 양식이다. 거기에는 한 시대의 중심 원리로 기능하는 이성이나 문명의 힘과 길항하면서 시인 자신의 사유와 감각을 통해 새로운 상상적 질서를 재구축하려는 열망이 담겨 있다. 물론 그러한 정신은 파격적 모험 정신과는 거리가 멀다. 오히려 그것은 잃어버린 서정시의 위의威儀를 회복하려는 고전적 열망과 닿아 있다. 김남미의 시조 세계는 인간들이 인위적으로 정해놓은 문명의 경계를 지웠을 때의 자유로움을 담아내면서 생명으로 충일한 자유와 사랑의 메시지를 펼쳐가고 있다. 그것은 우리가 이성과 문명의 흐름 속에서 잃어버렸던, 서정시가 추구해마지 않는 속성이자 원리인 셈이다. 이러한 서정시의 속성과 원리에 대한 섬세한 감각 그리고 삶의 근원과 구체성에 착목한 의미 있는 결실로서 이번 첫 시조집은 한동안 우뚝할 것이라. 그리고 이번 시조집은 우리 시대의 불모성에 대한 생명 지향의 항체를 만들어냄으로써 시인 자신의 고전적 사유와 감각을 선명하게 보여줄 것이다.

우리는 김남미의 시조를 통해 그동안 대립적으로 처리되어온 개념들이 재구성되는 과정을 경험하게 된다.

가령 그것은 한동안 대립적 위치를 점하고 있던 것들이 사실은 한 몸으로 결속된 존재자들임을 한결같이 증명해낸다. 그래서 우리는 다양한 타자들이 한데 어울려 있는 수평적 풍경을 그 안에서 바라보게 된다. 삶과 죽음, 빛과 어둠, 생성과 소멸, 진화와 퇴화 같은 것들이 분절적 개념이 아니라 한 몸으로 묶여 뭇 사물과 운동을 규율하는 양면적 속성이라는 것을 시인은 역설한다. 우리는 김남미의 시조 안에서 삶이라는 것이 단선적 질서에 의해 전개되는 것이 아니라 대립적이기까지 한 많은 것들이 복합적으로 얽힌 채 흘러가는 것이고, 서정시가 자기 충실성을 벗어나 타자들의 삶에 대한 관심까지 확장되는 것임을 뚜렷하게 경험한 것이다.

그 점에서 생명 지향의 항체를 만들어온 김남미 특유의 정형 미학이야말로 그의 미래를 밝힐 든든하고도 은은한 자산이 되어줄 것이다. 이처럼 탁월한 첫 시조집 상재를 축하드리면서, 더욱 개성적인 정형 미학의 진경進境을 열어가기를, 마음 깊이, 바라마지 않는다.

금속성 이빨

지은이 · 김남미
펴낸이 · 유재영
펴낸곳 · 주식회사 동학사

1판 1쇄 · 2025년 11월 20일
출판등록 · 1987년 11월 27일 제10-149

주소 · 04083 서울 마포구 토정로53 (합정동)
전화 · 324-6130, 324-6131 | 팩스 · 324-6135
E-메일 | dhsbook@hanmail.net
홈페이지 | www.donghaksa.co.kr
www.green-home.co.kr

ⓒ 김남미, 2025

ISBN 978-89-7190-922-5 03810

저자와의 협의에 의해 인지를 생략합니다.
잘못된 책은 바꾸어 드립니다.